JOSÉ MARÍA SÁNCHEZ SILVA

MARCELINO
PAN Y VINO

· EASY · READERS ·
ER
· LECTURAS · FÁCILES ·

EDICIÓN SIMPLIFICADA PARA
USO ESCOLAR Y AUTOESTUDIO

Esta edición, cuyo vocabulario se ha elegido
entre las palabras españolas más usadas (según
CENTRALA ORDFÖRRÅDET I SPAN-
SKAN de Gorosch, Pontoppidan-Sjövall y
el VOCABULARIO BÁSICO de Arias, Pallares, Alegre), ha sido resumida y simplificada
para satisfacer las necesidades de los estudian-
tes de español con unos conocimientos un poco
avanzados del idioma.
El vocabulario ha sido seleccionado también
de los libros de texto escolares "Línea", "Encu-
entros" y "Puente", comparado con "Camino"
y "Un nivel umbral" del Consejo de Europa.

Editora: Ulla Malmmose

EDICIÓN A CARGO DE:
José Ma. Alegre Peyrón, Dinamarca

CONSULTORES:
Berta Pallares, Dinamarca

Diseño de cubierta: Mette Plesner
Ilustraciones: Oskar Jørgensen
© 1975 ASCHEHOUG/ALINEA
ISBN-10 Dinamarca 87-23-90112-8
ISBN-13 Dinamarca 978-87-23-90112-5
www.easyreader.dk

Easy Readers

EGMONT

Impreso en Dinamarca por
Sangill Grafisk Produktion, Holme-Olstrup

JOSÉ Ma. SÁNCHEZ-SILVA
(n. 1911)

Nació en Madrid. Es periodista y escritor. En 1943 obtuvo el *Premio Nacional de Literatura*, en 1945 el *Premio Nacional de Periodismo*, en 1947 el *Premio Mariano de Cavia* y para coronar su brillante carrera de narrador el prestigioso *Premio Internacional Andersen* que galardona las mejores creaciones de la literatura infantil.

Bajo este aspecto, es uno de los escritores contemporáneos más difundidos, y su obra *Marcelino Pan y Vino* ha sido traducida a veintiséis idiomas. Editada en más de cien países distintos, son numerosas las ediciones que de ella se han hecho. Ha sido llevada al cine, y la película, que lleva el mismo título, consiguió un rotundo éxito entre la crítica y los espectadores.

La génesis del cuento *Marcelino Pan y Vino* se basa en una leyenda que el autor oyó de labios de su madre cuando era niño.

Sánchez-Silva es un escritor para niños, pero *Marcelino Pan y Vino* es un libro «para todos» por su fácil lectura y por la perfección, sencillez y unidad que consigue en esta hermosa fábula llena de verdad y poesía.

ALGUNAS OBRAS DE
JOSÉ MARÍA SÁNCHEZ-SILVA

El hombre de la bufanda. Primavera de papel. Historias de mi calle. Aventura en el cielo. Quince o veinte sombras. Marcelino en el cielo. Fábula de la burrita Non. Tres novelas y pico. Colasín, Colasón.

Hace casi cien años, tres *frailes franciscanos* pidieron al señor *alcalde* de un pequeño pueblecito que les dejase habitar unas antiguas *ruinas* que estaban abandonadas cerca del pueblo. *Accedió* el alcalde y los frailes se fueron muy contentos. Llegados a las ruinas que ya conocían decidieron hacer allí un *refugio* para pasar la noche.

Entre los frailes había uno joven que enseguida vio por dónde había que comenzar: estaban por allí las grandes piedras del antiguo *edificio*, aunque no todas enteras. Había árboles cerca para hacer madera y corría no muy lejos un *riachuelo* que les prometía a los pobrecillos frailes no morir de la sed. Mas como era ya muy tarde a pesar de que salieran del pueblo muy pronto por la mañana – venía uno viejo con ellos –, pensó el buen fraile en comenzar por el principio, con lo que, buscando unas maderas y con unas ropas que traían, las puso entre unas grandes piedras y encendiendo luego fuego instaló al viejo y envió al otro por agua al riachuelo, mientras él mismo preparaba la cena.

---

frailes, ruinas, refugio, riachuelo, ver ilustración en páginas 6 y 7.
franciscano, de la Orden de San Francisco.
alcade, primera autoridad en los pueblos.
acceder, decir que sí.
edificio, casa.

ruinas

refugio

riachuelo

Después de cenar, y venida la noche, se durmieron los tres frailes y a la mañana siguiente comenzaron su trabajo.

Así empezó la historia de aquel edificio y cincuenta años más tarde, cuando nosotros entramos en él, ha cambiado mucho.

Ya no son tres los frailes, sino doce. De aquellos tres primeros murieron dos y uno, muy viejo y enfermo, es aquél que conocimos joven.

Los frailes viven para sus *rezos* y trabajos y son muy útiles en los pueblos *cercanos*.

rezo, sustantivo de rezar.
cercano, que está cerca.

campana

convento

frailes

El trabajo y el amor que los frailes ponían en todo hizo que al poco tiempo su *convento* pareciese un edificio bello: con el agua cerca los frailecicos tenían árboles y plantas y flores y la *huerta* y todo por allí estaba muy limpio.

Para entonces, y estaba a punto de nacer el siglo en que vivimos, *sucedió* que una mañanita, cuando los frailes aún dormían, oyó el *hermano portero* una especie de *llanto* al pie de la puerta.

---

huerta, lugar con muchos árboles, flores y agua, y de cuya tierra se sacan muchas cosas para comer.

suceder, cosa que pasa en el tiempo = *ocurrir*.

hermano portero, el fraile que abre y cierra la puerta del convento.

llanto, acción de llorar.

7

Escuchó mejor y salió luego a ver qué era lo que se oía. Anduvo el hermano unos pocos pasos y vio algo así como un *bulto* de ropa que se movía. Se acercó; de allí salían los ruidillos que no eran otros que los producidos por el llanto de un niño recién nacido que alguien había abandonado hacía unas horas. *Recogió* el buen hermano a la *criatura* y se la entró con él al convento. Por no *despertar* a los que dormían, esperó solo con el niño hasta que llegara el día.

Ya iba a ser hora de tocar la *campana* y de anunciar a los frailes el *hallazgo*. El chiquitín había cerrado los ojos y se había dormido. Menos mal que era la primavera, de lo contrario el pobre pequeño hubiera podido morir de frío al quedar abandonado a la puerta del convento.

Al sonar la campana comenzó de nuevo la vida por todas partes. Cuando el hermano presentó al niño al padre Superior, éste no pudo *disimular* su *sorpresa* y con él los demás padres.

El *problema* era grande, sin embargo. ¿Qué iban

---

bulto, aquí: ropa que está puesta una encima de otra, sin orden.
recoger, tomar.
criatura, aquí: niño pequeño.
despertar, dejar de dormir.
campana, ver ilustración en páginas 6 y 7.
hallazgo, sustantivo de hallar.
disimular, no dejar ver, no mostrar.
sorpresa, impresión causada por algo que no se espera.
problema, asunto difícil.

a hacer con el niño los pobres frailes sin poderlo *criar* ni apenas ocuparse de él? El padre Superior dispuso que uno de los que en seguida habría de ponerse en camino para un pueblo donde tenía que ir, llevase la criatura y la *entregara* al alcalde. Pero el hermano portero y alguno de los padres más jóvenes no ponían buena cara y fue fray Bernardo el primero en preguntar:

– Padre – díjole al Superior – ¿Y no deberíamos *bautizarlo* antes?

Aquella idea agradó a todos. Accedió el Superior y dispuso que se *retrasara* la salida del pequeñín hasta que fuera bautizado.

Cuando se dirigían a la iglesia del convento, fray Gil preguntó a los demás frailes:

– ¿Y qué nombre le pondremos?

Ya varios tenían en los labios el nombre de San Francisco cuando el hermano portero dijo:

– ¿No le parece, padre Superior, que le demos el nombre del santo del día?

Aquel día era la fiesta de San Marcelino. Este fue, pues, el nombre elegido y poco después Marcelino lloraba bajo el agua del bautismo.

Hízoles gracia a todos los frailes aquel hallazgo

---

criar, dar de comer.

entregar, dar.

bautizar, entre los cristianos, acción de echar agua, en la iglesia, sobre la cabeza del niño para hacerle cristiano.

retrasar, aquí: dejar una cosa para hacerla más tarde.

y sentían tener que separarse del niñito que la voluntad de Dios había dejado a sus puertas. En la huerta, mientras trabajaban dos hermanos, uno se detuvo de pronto y dijo:

– Yo me ocuparía de él si me dejaran.

El otro se echó a reír y le preguntó que cómo pensaba criarle.

– Con la *leche* de la *cabra* – respondió el primero.

cabra

No hacía muchos meses que el convento recibiera una cabra, cuya leche bebía el fraile enfermo y viejecito.

El padre Superior les dijo que él mismo hablaría con los alcaldes de aquellos pueblos o con algunas familias que conocía, e *incluso* habló a los hermanos de escribir a algunos de los conventos que la *Orden* tenía en las grandes ciudades lejanas.

Con todo ello vieron los buenos frailes que el

---

leche, lo que da la cabra, y se bebe.

incluso, hasta, también.

Orden, aquí: todos los frailes franciscanos forman la Orden de San Francisco.

chico se quedaba de momento en casa y tuvieron muy buena y callada alegría aquella noche.

Marcelino fue dejado al cuidado del hermano portero y, llegada la hora, todos, menos éste, se fueron a descansar no sin haber dado antes varias veces al niño leche de la cabra.

Así *amaneció* el día siguiente y habrían de amanecer muchos más.

Algunos vecinos de los pueblos cercanos, *enterados* por los frailes de la existencia del niño, se acercaban hasta el convento con *alimentos* para la criatura.

Por aquellos días enfermó y murió el hermano portero, no sin haber rogado antes a los frailes sus hermanos que se quedasen con el chico para siempre.

En fin, como habían empezado a pasar los días comenzaron a pasar las semanas y aun los meses, y Marcelino, cada vez más alegre y hermoso, seguía en el convento, criado con la leche de la cabra y las *papillas* que le hacía el hermano *cocinero*.

Pasado un año, Marcelino, por así decirlo,

---

amanecer, aparecer la luz del día.
enterado, que sabe, que conoce.
alimentos, lo que sirve para comer.
papilla, comida que se da a los niños pequeños.
cocinero, el que hace la comida.

entró a formar parte de la *Comunidad*: ya nadie podría sacarle de allí, a no ser sus padres, si alguna vez aparecían. *Creció* pues el chico y fue la alegría del convento, y a veces también el problema, porque aunque era bueno como el pan, no siempre lo eran sus acciones.

Preguntas

1. ¿Quiénes fueron los primeros fundadores del convento?
2. ¿Cuándo fue fundado el convento?
3. ¿Dónde fue fundado el convento?
4. Describa la primera noche que pasaron los tres frailes en las ruinas.
5. ¿Cuántos frailes componen ahora la Comunidad?
6. Describa el estado actual del convento.
7. Describa el encuentro del hermano portero con el niño abandonado.
8. ¿Cómo reaccionan los frailes al conocer la noticia del hallazgo de Marcelino?
9. ¿Por qué le bautizaron con el nombre de Marcelino?

Comunidad, aquí: todos los frailes que viven en un convento.
crecer, hacerse más alto y de más edad.

Cuando a Marcelino le faltaba muy poco para *cumplir* cinco años, era ya un chico *robusto*. Sabía la vida y costumbre de todos los animales del campo, y no digamos las de los frailes, a cada uno de los cuales les daba nombres diferentes. Así, «el Padre», era para él el padre Superior; el *anciano* enfermo era «fray Malo» y el nuevo portero era «fray Puerta» y fray Bernardo, aquél que propusiera bautizar al niño, fue desde que Marcelino lo supo «fray Bautizo». Incluso el hermano cocinero fue llamado «fray Papilla», en recuerdo de las primeras papillas que el niñito recibiera. Los frailes no podían enfadarse con Marcelino porque le querían mucho como ya hemos dicho.

Marcelino era el rey de la casa de la que apenas había salido alguna vez, y siempre más bien con motivo de las *pesquisas* que los buenos frailes no se cansaban de hacer respecto de su *nacimiento* y *abandono*.

---

cumplir, llegar alguien, en edad, a tener cierto número de años.
robusto, fuerte y con buena salud.
anciano, persona vieja.
pesquisas, lo que se hace para conocer o saber algo.
nacimiento, acción de venir una persona al mundo.
abandono, sustantivo de abandonar.

Así, Marcelino, unas veces con unos frailes y otras con otros, había ido conociendo los pueblos cercanos, pero sin ningún resultado para lo que importaba, ya que sus padres no aparecían ni nadie afirmaba haberlos conocido.

Marcelino se pasaba gran parte del día solo, jugando y pensando en sus cosas, cuando no ayudando a los frailes.

Fray Bautizo le había construido una *carretilla* y éste fue el primero y mayor de los *juguetes* de Marcelino.

Pero los verdaderos juguetes de Marcecelino eran los animales. La vieja cabra era su *favorita* y a veces hasta hablaban, a su modo.

Con el tiempo, la pequeña huerta de los frailes había llegado a tener muchos árboles. Allí, a ciertas horas del día, era de ver cómo jugaba Marcelino persiguiendo a los animales. Pero no siempre, sin embargo, era malo con éstos. Más de una vez había ayudado al viejo «Mochito», el

carretilla

---

juguete, objeto con el que juega el niño.
favorita, aquí: a la que más quiere.

gato del convento, ya casi medio *ciego* a *cazar* *ratones*.

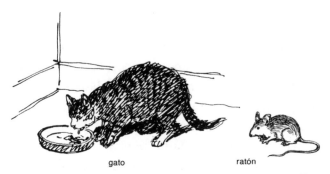

gato   ratón

– No, hombre, por ahí no – le decía Marcelino a «Mochito» cuando andaban juntos de *cacería*.

En sus juegos, Marcelino siempre contaba con un personaje *invisible*. Este personaje era el primer niño que él había visto en su vida. Ocurrió una vez que una familia que iba de un pueblo a otro se quedó una noche cerca del convento.

Iba con la familia uno de sus hijos, que se llamaba Manuel, y allí conoció por primera vez Marcelino a un niño de su misma edad. No había vuelto a olvidar a aquel niño con el que apenas había hablado algunas palabras durante el juego.

Desde entonces, Manuel estaba siempre a su

ciego, que no puede ver.
cazar, coger.
cacería, sustantivo de cazar.
invisible, que no se puede ver.

lado, en el pensamiento de Marcelino y éste le decía muchas veces:

– Oye, Manuel; ¿no ves que te estoy hablando?

Aguna vez Marcelino se había preguntado a sí mismo por su familia; por su madre y su padre y aun por sus hermanos, como él sabía que los más de los chicos tenían. Y también había llegado a preguntárselo a más de dos y tres de sus frailes favoritos, sin obtener otra respuesta que la de la historia de su hallazgo a las puertas del convento o, si él *insistía* mucho y particularmente sobre la existencia de su madre, le decían:

– «En el cielo, hijo; en el cielo».

Marcelino era un chico muy vivo y por haber estado solo la mayor parte de su vida sabía aprovecharse de los *descuidos* de los frailes, bien para coger sin ser visto alguna cosa de la huerta, pues otras no había en la pobre Comunidad, o bien para *librarse* de algún trabajo.

En este *paraíso* que para Marcelino eran el convento, la huerta y el campo sólo había un árbol del Bien y del Mal; sólo una cosa no podía hacer el niño y era la de subir las *escaleras* del

---

insistir, aquí: preguntar una y otra vez.

descuido, falta de cuidado o de atención.

librarse, aquí: dejar de hacer, no hacer.

paraíso, lugar donde vivieron Adán y Eva. Aquí: lugar donde uno vive feliz.

escalón

palo

escalera

sandalia

desván. Al principio, los buenos frailes le habían *atemorizado* con las muchas ratas que decían había allí, grandes y negras. Pero pronto Marcelin. supo más de las ratas que los mismos frailes y

desván, lugar en lo alto de las casas donde se dejan las cosas viejas o que no sirven.
atemorizar, causar temor.

entonces le dijeron que había escondido un hombre muy alto que le cogería y se lo llevaría para siempre si le veía.

Con todo, Marcelino miraba tristemente aquellas escaleras y no pasaba día sin prometer que las subiría a la mañana siguiente, cuando los frailes hubieran salido del convento y sólo el cocinero, el portero y los hermanos de la huerta estuvieran en casa.

Pensando, pensando, Marcelino encontró su plan: subiría sin *sandalias*; dejaría éstas al pie de la escalera y, con un *palo*, antes de apoyar los pies en los *escalones*, los golpearía para ver dónde sonaban más y por dónde no.

Como lo pensó lo hizo. Aprovechó una tarde tranquila en que los frailes estaban trabajando o habían salido. Sólo quedaba un hermano en la huerta, el hermano cocinero o sea fray Papilla y el anciano fray Malo acostado en su cama. Marcelino tomó un buen palo, se sacó las sandalias como había pensado y, con éstas en la mano y el palo en la otra, empezó a subir despacio y con cuidado las escaleras. Apoyaba los pies sólo en aquella parte de los escalones que suponía que no iban a sonar, por haber apoyado antes el palo. Subía despacio y el corazón le *latía* terrible-

---

sandalias, *palo*, *escalones*, ver ilustración en página 17.
latir, hacer movimientos propios del corazón.

mente: sabía que estaba haciendo algo malo. Cuando logró subir los quince escalones respiró más tranquilo. Allá arriba estaba el desván. Pero en este momento le llamaron desde la huerta.

– ¡Marcelino, Marcelino!

Era la voz del hermano Gil. Seguro que había encontrado algún animal y le llamaba para que lo cogiese. Marcelino se había detenido muy *asustado*, pero en seguida comprendió que tenía tiempo de subir del todo, mirar y bajar luego hasta la huerta, haciendo como que no había oído.

– Vamos, Manuel – se dijo.

Siguió, pues, subiendo y llegó arriba del todo. Abrió con cuidado la puerta. Aquello era, como él había pensado, un paraíso. Había muchas cosas viejas. Era el sitio mejor para jugar en el invierno, cuando hiciera frío fuera del convento. Después, con todo cuidado, se dirigió a la puerta siguiente. Miró antes a todos los lados y sólo vio mucha *oscuridad*. Abrió la puerta, metió la cabeza y *observó*. El desván era pequeño y tenía una ventana pequeña cerrada, por la que apenas entraba

---

asustado, que tiene miedo.
oscuridad, falta de luz.
observar, mirar.

luz. Poco a poco, Marcelino pudo distinguir los objetos.

Había algunas sillas viejas, mesas, muebles y muchísimas cosas más, aunque mejor *ordenadas* que en el cuarto anterior. En la pared de la derecha se veía algo así como libros y papeles; en la de enfrente estaba la ventanita y debajo los muebles.

Cuando Marcelino miró a su izquierda, no reconoció al pronto lo que había; pero poco a poco fue viendo algo así como la figura de un hombre altísimo, medio *desnudo*, con los brazos abiertos y la cabeza vuelta hacia él. El hombre parecía mirarle y Marcelino estuvo a punto de dar un grito de terror. ¡Luego no le habían *engañado* los frailes! ¡Luego había allí un hombre que, a lo mejor, se lo llevaba para siempre! Marcelino sacó la cabeza y cerró la puerta de golpe. Sin sandalias y sin acordarse del palo, de Manuel ni del ruido que podría hacer, bajó rápidamente las escaleras. Cuando salió al campo, se dejó caer junto a un árbol. Había pasado un miedo terrible. Era verdad: había un hombre en el desván. Se puso las sandalias y echó a andar hacia la huerta, temblando todavía.

---

ordenado, aquí: puesto en orden.

desnudo, sin ropa.

engañado, de *engañar* = no decir la verdad.

Preguntas

1. ¿Cómo era Marcelino al cumplir los cinco años?

2. ¿Qué nombres daba Marcelino a los frailes? ¿Por qué?

3. ¿Cómo era «fray Malo»?

4. ¿Cómo y por qué conoce Marcelino los pueblos cercanos?

5. Hable de los primeros juguetes del niño.

6. ¿Qué significan para Marcelino la vieja cabra y «Mochito»?

7. ¿Quién era el personaje invisible con el que siempre hablaba Marcelino en sus juegos? ¿Cómo lo conoció?

8. Describa el deseo de Marcelino de conocer a su familia y las respuestas que recibe de los frailes.

9. ¿Qué es lo que los frailes habían prohibido a Marcelino?

10. ¿Qué sensación producía en Marcelino esta prohibición?

11. Describa el plan de Marcelino para subir hasta el desván.

12. Describa la primera subida de Marcelino al desván y lo que allí vio.

A Marcelino no le gustaba nada el invierno; por
el invierno salía mucho menos al campo y en el
convento la vida era más triste y, lo que es peor,
los frailes le hacían estudiar. Ya conocía las letras
desde el invierno pasado. En éste que venía ahora,
el padre Superior le había dicho que tendría que
aprender a leer.

Mientras veía caer la *lluvia* desde la puerta del
convento, Marcelino pensaba en el invierno sin
ganas de que llegase. ¡Se ponía todo tan triste en
el invierno! La mayoría de los animales desapare-
cían. A Marcelino sólo le quedaba entonces
«Mochito», pero como era viejo ya no quería
jugar.

Estos pensamientos llevaron a Marcelino al
recuerdo del hombre del desván. Habían pasado
varios días desde que lo viera por primera vez.

Había pensado mucho en él y se preguntaba
si estaría siempre con los brazos abiertos y

---

lluvia, agua que cae del cielo.

apoyados contra la pared, como estaba fray Malo echado en su cama desde hacía tantísimos años. ¿Estaría también enfermo el hombre del desván?

Cuando *cesó* la lluvia, Marcelino estaba ya decidido. Tenía su plan y en este plan tomaban parte también Manuel, el amigo invisible, y «Mochito», que cerraba sus ojos medio ciegos.

– Mira Manuel: tenemos que subir. Yo hago lo mismo que la otra vez: llevo mi palo y mis sandalias en la mano. Cuando llegue a la puerta, la abro un poco y me quedo mucho rato mirando, para ver si el hombre se mueve. Si se mueve, salimos corriendo. Si no, con mi palo abro el ventanillo y lo miramos. Mientras yo hago todo esto, tú miras hacia la escalera, ¿eh? No vayan a venir los padres y nos cojan.

Marcelino esperó que llegara la ocasión.

Por fin el día llegó. Las lluvias habían cesado y los frailes, como siempre por el otoño, estaban muy ocupados en preparar hasta donde fuera posible la llegada del invierno.

Una tarde, ya sin sol, Marcelino aprovechó la ocasión de que la mayoría de los padres aun no habían vuelto al convento. Como de costumbre, quedaban en casa, además de fray Malo, el hermano Gil en la huerta y fray Papilla en la *cocina*.

---

cesar, parar, terminar.

cocina, lugar de la casa donde se prepara la comida.

Muy despacio, aunque siempre hablando con su amigo Manuel, subió las escaleras. Al cuarto o quinto escalón, sus pies hicieron ruido sobre la madera y se paró. El corazón le latía terriblemente.

– Manuel, ten cuidado – dijo a su invisible amigo. Y siguió hacia arriba.

– No dejes de decirme, Manuel, si viene algún fraile.

Le latía terriblemente el corazón. ¡Mira que si se despertara ahora el hombre con aquel ruido y le cogía y se lo llevaba para siempre! Y él, que ni siquiera había cumplido todavía los seis años, ¿qué hubiera podido hacer? Marcelino estaba muerto de miedo, pero, pasado un cierto tiempo, pudo observar que allí no pasaba nada: ni subían los frailes, ni se despertaba el hombre ni nada se movía. De pronto oyó un ruido y se rió para sí: una rata acaba de pasar por su lado. Por fin, logró abrir un poco la madera del ventanillo y miró en seguida hacia donde estaba el hombre.

Marcelino no había visto jamás un *crucifijo* tan alto como un árbol con un Jesucristo tan grande como un hombre. Se acercó al pie de la cruz y miró la cara del Señor.

Jesús estaba muy delgado y su mirada producía en Marcelino una grandísima *tristeza*.

---

tristeza, sustantivo de triste.

crucifijo

Marcelino había visto muchas veces a Jesús en la iglesia del convento o en los crucifijos pequeños, como de juguete, que llevaban los frailes. Pero nunca lo había visto «de verdad» como ahora, con todo el cuerpo desnudo. Entonces, tocándole las piernas delgadas y duras, Marcelino levantó los ojos hacia el Señor y le dijo:

– Tienes cara de *hambre*.

El Señor no se movió ni le dijo nada. Marcelino le dijo de nuevo:

– Espera, que ahora vengo.

Se dirigió hacia la puerta y salió a la escalera. Iba tan triste, después de haber visto la cara del Señor, que no pensó en el ruido que hacía. Mientras bajaba, se preguntaba cómo podría engañar a fray Papilla. Y, en vez de dirigirse derechamente a la cocina, lo hizo hacia la ven-

---

hambre, dícese de cuando se tiene un gran deseo de comer.

tana posterior, que daba a la huerta, y desde allí gritó:

– ¡Fray Papilla, fray Papilla, salga, que hay aquí un animal grandísimo!

Apenas dicho esto, Marcelino corrió a esconderse muy cerca de la puerta de la cocina. Poco tardó en ver salir a fray Papilla. Entonces, Marcelino entró rápidamente en la cocina, cogió lo primero que vio de comer y subió corriendo escaleras arriba. Al llegar al desván, se acercó al gran Cristo y extendió el brazo hacia Él ofreciéndole lo que traía.

– Es pan solo, ¿sabes? – le decía alargando la mano cuanto podía –. No he podido encontrar más.

Entonces, el Señor bajó un brazo y cogió el pan. Y allí mismo comenzó a comerlo. Marcelino tomó su palo y sus sandalias y salió con cuidado, diciéndole al Señor en voz baja:

– Es que me tengo que ir porque he engañado a fray Papilla. Pero mañana te traeré más.

Y cerrando la puerta, bajó las escaleras en busca del fraile. Marcelino estaba contento. Seguramente ya tenía un amigo más que añadir a «Mochito», a la cabra y ¡ay! a Manuel.

Preguntas

1. ¿Por qué no le gustan a Marcelino los inviernos?

2. Describa la vida que hacía Marcelino en el convento durante el invierno.

3. ¿Qué piensa Marcelino del hombre del desván?

4. ¿Qué piensa hacer Marcelino para subir sin ser visto por segunda vez al desván?

5. Describa la segunda subida de Marcelino al desván.

6. ¿Cómo reacciona Marcelino al oír ruido en el desván y de dónde provenía?

7. ¿Qué hace Marcelino al ver el Crucifijo?

8. ¿Había visto antes Marcelino a Jesús? ¿Dónde?

9. ¿Qué siente Marcelino al ver a Jesús?

10. ¿Por qué fue Marcelino a la cocina al bajar del desván?

11. Describa la escena de Marcelino ante Jesús al volver de la cocina.

12. ¿Qué hace el Señor cuando Marcelino le ofrece el pan?

13. ¿Por qué estaba tan contento Marcelino cuando bajó del desván?

4

En seguida llegaron unos días difíciles para que Marcelino pudiese visitar otra vez a su nuevo amigo: se acercaba la fiesta grande del convento y los frailes volvían antes a casa. Nueve días antes, los frailes preparaban la fiesta de San Francisco de Asís.

La lluvia había vuelto una noche y Marcelino, entre el miedo y el recuerdo de su amigo del desván, la sintió mucho más que nunca y en poco estuvo que subiera, pese al miedo que tenía, para cubrir con ropa al Señor del desván, tan desnudo el pobre y expuesto al frío viento y a la lluvia de aquella noche a través del mal cerrado ventanuco, pero no lo hizo.

Al fin, llegó el gran día de San Francisco, en el cual los frailes comían un poco de carne que les daban en los pueblos y abrían algunas *botellas* de vino rojo del país. Este año, no menos de media

botella

vaca les fue traída para la gran fiesta. Marcelino y «Mochito» se alegraron mucho con la carne. Pero entonces Marcelino, cuando pudo salir a la huerta después de comer y al acordarse de la carne comida pensó en su amigo del desván. Ese sí que no tenía carne ni pan ni siquiera un poco de agua y Marcelino se preguntaba cómo podría vivir tanto tiempo sin más que el poco de pan que le llevara lo menos hacía dos semanas.

Con el fin de la fiesta del pobrecillo Francisco, volvió la vida propia de cada día al convento. Antes de que la carne se acabara, se acabaron los recuerdos de Marcelino, y pasaron no pocos días hasta que pensase otra vez en su pobre amigo del desván. Fue precisamente el último día de carne cuando Marcelino pensó con tristeza en el pobre *hambriento*, tan pálido y tan delgado, que estaba en su cruz. Se propuso entonces subir aquel mismo día como fuese con las manos llenas en lugar de vacías. Fray Papilla no se separaba ni un minuto de la cocina y Marcelino, en un descuido del buen

vaca

---

hambriento, que tiene hambre.

fraile, se metió en el bolsillo un gran pedazo de carne y, poco después, otro buen pedazo de pan. Ya con estas dos buenas piezas, Marcelino subió esta vez sin *quitarse* las sandalias, aunque sin hacer ruido. Llegado al desván y ya sin miedo, se dirigió derechamente al ventanillo y lo abrió. Miró en seguida adonde el Hombre estaba y le habló de esta manera:

– He subido porque hoy había carne.

Y pensaba para sí: «¡Mira que si Éste supiera que había habido carne tantos días y no sólo hoy!» Pero el Señor nada dijo ni Marcelino le dio importancia a su silencio, sino que sacando la carne y el pan y poniéndolos sobre la mesa le dijo sin mirarle:

– Ya podías bajarte hoy de ahí y comerte esto aquí sentado.

Y dicho y hecho, acercó hasta la mesa un sillón que allí estaba.

Entonces el Señor movió un poco la cabeza y le miró con una sonrisa. Y, a poco, se bajó de la cruz y se acercó a la mesa, sin dejar de mirar a Marcelino.

– ¿No te da miedo? – preguntó el Señor.

Pero Marcelino estaba pensando en otra cosa y, a su vez, dijo al Señor:

---

quitarse, sacarse.

– ¡Tendrás frío por las noches!

El Señor sonrió y preguntó de nuevo:

– ¿Es que no te doy miedo ninguno?

– ¡No! – contestó el chico mirándole tranquilamente.

– ¿Sabes, pues, quién soy? – preguntó el Señor.

– ¡Sí! – contestó Marcelino –: ¡eres Dios!

El Señor sentóse entonces a la mesa y comenzó a comer la carne y el pan. Marcelino, *familiarmente*, le puso entonces la mano sobre el hombro desnudo.

– ¿Tienes hambre? – preguntó.

– ¡Mucha! – contestó el Señor.

Cuando Jesús terminó la carne y el pan, miró a Marcelino y le dijo:

– Eres un buen niño y Yo te doy las gracias.

– Igual hago con «Mochito» y con otros – dijo Marcelino.

Pero estaba pensando en otra cosa como antes y preguntó de nuevo:

– Oye, tienes mucha sangre por la cara y en las manos y en los pies. ¿No te duelen tus *heridas?*

El Señor volvió a sonreír. Y preguntó, poniéndole Él, a su vez, la mano sobre la cabeza:

– ¿Tú sabes quiénes me hicieron estas heridas?

– Sí. Te las hicieron los hombres malos.

---

familiarmente, aquí: como si fuera un amigo, amistosamente.
herida, ver ilustración en página 32.

clavo

corona de espinas

herida

El Señor bajó la cabeza y entonces Marcelino aprovechó la ocasión y, muy despacio, le quitó la *corona de espinas* y la dejó sobre la mesa.

Luego, Marcelino habló, tocándole las heridas:

– ¿No te las podría *curar* yo?

Jesús movió la cabeza.

– Sí puedes; pero sólo siendo muy bueno.

– Eso ya lo soy – dijo Marcelino.

Y, sin querer, pasaba los dedos por las heridas del Señor.

– Oye – dijo el niño –: ¿y si yo te quitara los *clavos* de la cruz?

– No podría sostenerme en ella – dijo entonces el Señor.

Y entonces le preguntó a Marcelino si sabía bien su historia, y Marcelino le dijo que sí, pero que quería oírsela a Él mismo para saber si era verdad. Y Jesús le contó su historia.

Así fue pasando la tarde y a lo último Marcelino *se despidió* y dijo que volvería mañana. Marcelino lloraba y el mismo Jesús le pasó los dedos por los ojos para secarle las lágrimas para que no las vieran los frailes. Y entonces Marcelino le dijo que si le gustaría que volviese mañana o si le daba igual, y Jesús, que estaba ya de pie para volverse a su cruz, después de haberse comido el pan y la carne, le dijo así:

---

curar, poner bien a una persona, animal o parte del cuerpo que están enfermos.

despedirse, decir adiós al marcharse.

– Sí me gusta. Sí quiero que vengas mañana, Marcelino.

Durmió muy bien Marcelino y al despertar al otro día recordó en seguida lo que había prometido al Hombre del desván y anduvo toda la mañana preguntándose cómo podría subir tanto sin que le vieran y también qué alimentos podría llevar hoy a su amigo para comer. Pero se le pusieron las cosas mejor de lo que esperaba y en uno de sus viajes a la cocina, donde no siempre era bien recibido por fray Papilla, porque sabía muy bien que Marcelino siempre iba a llevarse algo, halló la cocina abandonada y sin más, se metió un gran pedazo de pan en el bolsillo y luego miró a todas las partes para ver qué más podría llevar. Mas como no viera nada sino una botella de vino como hasta la mitad llena, tomó corriendo un *vaso*, lo llenó, y se dirigió sin más a las escaleras y entró sin temor alguno. Dio los buenos días al señor y éste desde su cruz le contestó:

– Buenos días, buen Marcelino.

Ya con la luz entrando por el ventano, Marcelino se acercó a la mesa y dejó lo primero el vino, del cual se había caído un poco, y después

vaso

LTD RECIEPT.

OTHER EXCHANGES MUST BE MADE WITH...

SOLD SALE GOODS CANNOT BE EXCHANGED OR RE...

****6444****

Ask Today How to join our free VIP Text Serv[...]
e our latest offers or Text FOLLOW HOUSEFOR[...]

eipt No:297960

nge

h Tendered

Total

e:250GM

AVA CUBES

200M

PINEAPPLE SLICES 425...

Product Details   Quant...

2 at 14:13:17 o...

e Served By HUSS...

House Of Raja's
14, Fletcher Street
Bolton
BL3 6NF
Telephone: 01204 532890
Fax   : 01204 590079
VAT Regn No: 44...20

el pan. El Señor, sin decir nada, ya había bajado de su cruz y estaba en pie a su lado.

– Oye – le dijo Marcelino –, no sé si te gustará el vino, pero los padres dicen que da calor. Y he pensado en que viene el invierno como el año pasado y que... – y se detuvo mirando al Señor con mucha atención.

– ¿Y qué, Marcelino?

– Pues que... Pues que te voy a subir ropa para que no tengas tanto frío.

El Señor se había sentado. Marcelino estaba junto a Él, viéndole cómo comía el pan y cómo, de vez en vez, se llevaba el vaso a los labios. Entonces el Señor le dijo:

– Ayer te conté mi historia y tú aún no me has contado la tuya.

Marcelino abrió mucho los ojos y miró al Señor.

– Mi historia – dijo el niño – es muy corta. No he tenido padres y los frailes me recogieron cuando pequeñito y me criaron con la leche de la cabra vieja y con unas papillas que me hacía fray Papilla y tengo cinco años y medio. – Luego se detuvo y prosiguió, mientras el Señor le miraba. – No he tenido madre –. Y después, preguntó al Señor:

– ¿Tú tienes madre, verdad?

– Sí – repuso Aquél.

– ¿Y dónde está? – preguntó Marcelino.

– Con la tuya – dijo Jesús.

– ¿Y cómo son las madres? – *interrogó* el niño. Yo siempre he pensado en la mía y lo que más me gustaría de todo sería verla aunque fuera un momento.

Entonces el Señor le explicó cómo eran las madres. Y le dijo cómo eran de buenas y bellas. Y cómo querían a sus hijos siempre. Y a Marcelino, oyendo al Señor, se le llenaban los ojos de lágrimas y pensaba en su madre que no conocía.

Por fin llegó la hora de marcharse Marcelino, que fue cuando la campana tocó a comer, y el Señor se volvió a su cruz.

Muchos más días subió Marcelino y a veces le llevaba al Señor los más raros alimentos. Jesús se comía todo con gran alegría de Marcelino. Pero las más de las veces, el niño le subía pan y vino porque sabía que aquellas dos cosas le eran más fáciles de coger en la cocina, y porque también al Señor le gustaban mucho. Hasta que un día Jesús, sonriendo mucho, le dijo a Marcelino:

– Tú te llamarás desde hoy MARCELINO PAN Y VINO.

A Marcelino le gustó el nombre y desde entonces estaba muy contento de no llamarse

---

interrogar, preguntar.

Marcelino *a secas*, sino Marcelino Pan y Vino.

Marcelino continuaba su *amistad* con Jesús y le seguía llevando alimentos y le había llevado también la ropa que le prometió, y se ocupaba mucho menos de los animalitos y ahora era el viejo «Mochito» quien le buscaba a él.

Los frailes, en una palabra, viéndole tan diferente de como siempre había sido, comenzaron a observarle con mucha más atención sin que él se diese cuenta.

Preguntas

1. Describa la comida en el convento el día de la fiesta.

2. ¿En quién pensaba Marcelino después de la comida? ¿Por qué?

3. ¿Cuándo volvió a acordarse Marcelino de su amigo del desván?

4. Describa el plan de Marcelino para subir de nuevo al desván.

5. ¿En qué pensaba Marcelino cuando le ofrecía la carne al Señor?

6. ¿Qué historia le cuenta el Señor a Marcelino?

7. ¿Quién le puso al niño el nombre *Marcelino Pan y Vino?* ¿Por qué?

---

a secas, solamente, sin más.
amistad, sustantivo de amigo.

Ocurría que el padre Superior estaba intranquilo por causa de Marcelino. Y que fray Malo estaba triste porque Marcelino no subía a verle nunca. Y que la cabra estaba también intranquila y triste y que, de repente, «Mochito» se murió y Marcelino lo *enterró* sin llorar; y que fray Puerta y fray Bautizo fueron llamados por sus verdaderos nombres de pronto. Y que fray Talán era ayudado, por primera vez en la historia de Marcelino, a los cuidados de la iglesia y que el hermano cocinero, el bueno de fray Papilla andaba muy inquieto y mal de la memoria, puesto que a diario le faltaba una *ración* de las doce y con Marcelino trece que se hacían para cada comida. Y los otros frailes encontraban a Marcelino muy cambiado.

Por fin, un día, el padre Superior reunió a la Comunidad, y expuso allí todas sus dudas y dio y pidió consejo respecto al cambio de Marcelino.

– Yo le encuentro más serio – dijo fray Bautizo.

– Yo le encuentro más bueno – dijo fray Puerta.

– Yo le encuentro más *devoto* – dijo fray Talán.

---

enterrar, poner algo debajo de tierra.

ración, aquí: los alimentos que cada faile tomaba en cada comida.

devoto, persona que reza mucho y va muchas veces a la iglesia.

El último habló el padre Superior.

– Nuestro Marcelino ya no es como era – dijo.

– El otro día le vi rezando en la huerta – dijo un hermano que se llamaba el hermano Pío y esto daba mucha risa a Marcelino.

– ¿Rezando? – preguntó entonces, muy interesado, el padre Superior.

– Vaya – repuso el hermano Pío –, hablaba de Jesús y hacía como si hablase con Él. Quizá hice mal, pero me puse detrás de un árbol y le oí decir: «Mira, no quiero que lleves más esa corona de espinas y te la voy a quitar ahora mismo».

Hubo un gran silencio entre los padres y entonces el Superior le dijo a fray Papilla, que había estado muy *callado*.

– Escuche, hermano, ¿no cree usted que esa ración que le falta a diario se la lleva Marcelino sin que usted *se de cuenta*?

El hermano, sin hablar, *asintió*. Y el padre continuó diciendo:

– Vamos a *vigilarle* más aún entre todos. Usted, hermano, vigile su cocina y no se deje engañar por un niño tan pequeño.

Probablemente, después del padre Superior

---

callado, adjetivo y participio de callar.

darse cuenta, conocer, saber algo.

asentir, aquí: decir que sí con la cabeza.

vigilar, observar algo o a alguien.

que era un santo, y de fray Malo, el más bueno de todos era fray Papilla y también el tercero en querer a Marcelino. Pero desde aquel día en que el padre reuniera a la Comunidad se propuso vigilarle y no había vez en que el niño entrara en la cocina sin que el hermano, de una u otra manera, no estuviera presente. Aquello de la ración que faltaba a diario le tenía muy intranquilo a fray Papilla: él estaba bien seguro de preparar el pan para trece, la carne o el *pescado* para trece, la fruta, si la había y era tiempo, para trece. Siempre trece: doce frailes y Marcelino.

pescado

– Doce frailes y Marcelino – se repetía el buen fray Papilla.

Y un día su *vigilancia* dio resultado. Había andado por allí Marcelino en ocasión de que el fraile hubiera contado una vez más las raciones preparadas y hubiesen salido, como era lo justo, en número de trece. Nada más marcharse el niño, las raciones eran doce. Luego había sido Marcelino. Faltaban un pan y un pescado.

---

vigilancia, acción de *vigilar* = observar algo o a alguien.

Fray Papilla buscó a Marcelino por todas partes sin hallarlo. A la hora de comer, el chico se sentó a la mesa con el *apetito* de costumbre, luego parecía raro que hubiera comido un gran trozo de pan y un pescado tan grande. Fray Papilla decidió vigilarle mejor aún y al día siguiente le ocurrió lo mismo, es decir, le faltó una ración de pan. También esta vez la falta de la ración tuvo lugar con la salida de Marcelino de la cocina. Por primera vez fray Papilla se decidió a comunicar al padre Superior su *descubrimiento*.

– Ahora es necesario saber qué hace con esos alimentos – le dijo el padre –. Cuando usted consiga descubrir al niño con la ración, sígale sin que él se dé cuenta.

Así obedeció fray Papilla y así pudo una tarde observar que el chico, una vez el bolsillo bien lleno, se dirigía a las escaleras del desván. Siguióle el buen fraile y quedóse al otro lado de la puerta viendo cómo el desván se *iluminaba* al abrir el chico, como de costumbre, las maderas del ventanillo. Pero no pudo ver más porque sintió que se ponía enfermo y a poco viene a dar con su gran cuerpo en el suelo. Con lo que fray

apetito, aquí: hambre, tener hambre.

descubrimiento, acción de *descubrir* = encontrar, conocer algo que está oculto o no se conoce.

iluminar, aquí: llenarse de luz.

Papilla, que ya era viejo, bajó muy despacito las escaleras y entróse en la cocina.

La visita de Marcelino a la cocina no se hizo esperar al día siguiente, pero sólo pudo coger un gran pedazo de pan. Comenzó el fraile su *persecución*. El niño se dirigió derechamente al desván y allí fray Papilla le vio inclinado sobre una de las *cajas* de botellas de vino que los frailes guardaban para las grandes ocasiones. Con lo cual, y como el chico, una vez lleno el vaso, hubiese de volver sobre las escaleras, el fraile se vio obligado a bajar para no ser visto y perdió también la ocasión. Pero al día siguiente, fray Papilla llegó tras él hasta la puerta del desván y quedóse allí a observar sin poder ser descubierto. De lo que vio fray Papilla a través de la puerta poco podemos saber.

Bajó el fraile y entró en seguida en la iglesia, pero no dijo nada de lo que había visto.

Fray Papilla continuó sus persecuciones y acabó por saber lo que en el desván ocurría a

caja

---

persecución, acción de seguir a una persona constantemente.

diario entre el niño y la imagen de Jesucristo Crucificado que allí tenían los frailes.

Fray Papilla contó a fray Puerta lo que a diario veía y oía a través de las maderas de la puerta del desván. Con lo cual fray Puerta, que era tan bueno y tan viejo con él le prometió acompañarlo.

En efecto, al día siguiente, estaban juntos los dos tras la puerta del desván mirando lo que ocurría allí dentro. Tampoco el fraile segundo podía creer lo que veían sus ojos y, cuando al fin bajaron, habló a fray Papilla de que habría de prevenir al padre Superior.

Fray Papilla le rogó al hermano que esperase un día más aún y que subiera con él otra vez antes de informar al padre Superior.

Preguntas

1. ¿Por qué andaba inquieto fray Papilla?
2. Describa la reunión del padre Superior con la Comunidad.
3. ¿Qué dice de Marcelino el hermano Pío?
4. ¿Qué ordena el padre Superior a «fray Papilla»? ¿Por qué?
5. ¿En qué consiste el descubrimiento de «fray Papilla»?

6

Marcelino andaba aquellos días como dormido en su propia felicidad. El niño entraba ya en la cocina sin temor ni pensando en engañar a fray Papilla y delante de éste cogía la ración *acostumbrada* y subía sus escaleras sin importarle para nada el ruido, ni tampoco que le pudieran seguir hasta allá arriba.

Aquella tarde, el alimento había *consistido* en lo que había ocasionado el nombre puesto por Jesús: pan y vino solamente. Jesús descendió como de costumbre de su cruz y comió y bebió su pan y su vino como siempre y le dijo:

– Bien Marcelino. Has sido un buen muchacho y Yo estoy deseando darte lo que tú más quieras.

Marcelino le miraba y no sabía cómo responderle. Pero el Señor insistía dulcemente:

– Dime: ¿quieres ser fraile como los que te han cuidado? ¿Quieres que vuelva junto a ti «Mochito», o que no se muera nunca tu cabra?

A todo decía que no Marcelino.

– ¿Qué quieres entonces? – le preguntaba el Señor.

Y entonces Marcelino, fijando sus ojos en los del Señor, dijo:

---

acostumbrado, de *acostumbrar* = tener por costumbre hacer una cosa.
consistido, de *consistir* = ser, ser lo mismo que.

– Sólo quiero ver a mi madre y también a la Tuya después.

El Señor lo acercó entonces hacia Sí y lo sentó sobre sus *rodillas* desnudas y duras. Después le puso una mano sobre los ojos y le dijo dulcemente:

– Duerme, pues, Marcelino.

En aquel mismo instante once voces gritaron «¡*Milagro*!» detrás de la puerta del desván, sobre la escalera, y la puerta se abrió de golpe y entraron todos los frailes. «¡Milagro, milagro!», gritaban los frailes y el padre Superior. Pero todo estaba en calma ya y el Señor había vuelto a su cruz como de costumbre. Sólo Marcelino reposaba entre los brazos del sillón, dormido al parecer. *Cayeron* los frailes *de rodillas* y allí estuvieron tanto tiempo como fuera posible hasta dar en la cuenta de que Marcelino no despertaba. Acercóse entonces el padre Superior a él y, tocándole con sus manos, hizo seña a los frailes de que fueran bajando y dijo nada más:

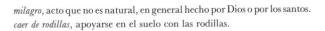

rodilla

---

milagro, acto que no es natural, en general hecho por Dios o por los santos.
caer de rodillas, apoyarse en el suelo con las rodillas.

– El Señor se lo ha llevado consigo.

Muy pronto por la mañana, *partieron* a buen paso hacia los pueblos cercanos los frailes más jóvenes para dar cuenta de lo sucedido y a la tarde comenzaron a llegar todos los que querían ver la *prueba* del milagro. En su pequeña caja de madera clara, Marcelino, sonriente, dormía. Llegaron y llegaron grupos de gente durante toda la noche; por todos los pueblos había corrido la noticia del milagro y se conocía ya la feliz muerte del niño de los frailes. Aquella misma noche había *muerto* también la cabra de Marcelino.

A media mañana se organizó el *entierro*. El niño había de ser enterrado en el *cementerio* del pueblo

---

partir, salir, marchar.

prueba, acción de probar, demostrar.

muerto, participio y adjetivo de morir.

entierro, acción de enterrar.

cementerio, lugar donde se entierran a los muertos.

más próximo, a pesar de que los frailes hubieran
preferido dejarlo allí en la huerta, y a la primera
hora de la tarde se puso por fin en camino la gran
comitiva, en la cual iban, con los frailes, los
alcaldes de los pueblos, y gran parte de sus vecinos.

Los frailes cantaban. Las gentes rezaban en
viva voz y sólo los niños reían y saltaban por
el camino, sin darse cuenta de nada. Hacía una
tarde con mucho sol, de aquellas tardes que le
gustaban a Marcelino Pan y Vino antes de tener
su gran Amigo del desván. *De improviso*, unas
cabras que por allí había pusiéronse a seguir
el entierro y llegaron con él hasta las puertas
del cementerio. Si hubiera podido, también la
cabra de Marcelino habría estado allí mientras

---

comitiva, aquí: grupo de mucha gente.

gustar, agradar.

de improviso, sin ser esperado, repentinamente.

el cuerpo del niño *descendía* sobre la tierra. El cuerpo, digo. Porque el alma había subido ya hacia su madre, hacia el cielo que tanto decían los frailes, hacia el Señor a quien Marcelino tantas veces había dado de comer y de beber en el desván.

Preguntas

1. Describa la vida de Marcelino después de sus visitas al desván.
2. ¿Cuáles son los deseos de Marcelino?
3. ¿Qué hacen los frailes que están detrás de la puerta del desván?
4. ¿Qué hacen los frailes con el cuerpo de Marcelino?
5. ¿Qué hacen las gentes de los pueblos cercanos al conocer la noticia de la muerte de Marcelino?
6. Describa el entierro de Marcelino.
7. ¿Dónde entierran el cuerpo de Marcelino?
8. ¿Qué siente usted después de haber leído la historia de Marcelino?

---

descender, bajar.